DÉPARTEMENT DE CONSTANTINE

CONSEIL GÉNÉRAL

SESSION D'AVRIL 1873

RAPPORT

SUR

LES VOIES DE COMMUNICATION DÉPARTEMENTALES

et l'organisation d'un Service d'Agents-Voyers

PRÉSENTÉ PAR

M. A. HAUET

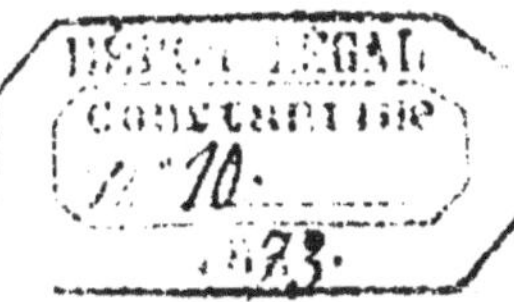

AF262054

PHILIPPEVILLE

TYPOGRAPHIE B. FEUILLE

RUE DES NUMIDES, 36

1873

DÉPARTEMENT DE CONSTANTINE

CONSEIL GÉNÉRAL

SESSION D'AVRIL 1873

RAPPORT

SUR

LES VOIES DE COMMUNICATION DÉPARTEMENTALES

et l'organisation d'un Service d'Agents-Voyers

PRÉSENTÉ PAR

M. A. HAUET

PHILIPPEVILLE

TYPOGRAPHIE B. FEUILLE

RUE DES NUMIDES, 30

1873

RAPPORT

Sur les voies de communication départementales

et l'organisation d'un Service d'Agents-Voyers

présenté

AU CONSEIL GÉNÉRAL DU DÉPARTEMENT DE CONSTANTINE

Dans sa Session d'Avril 1873

----->≻•≺<-----

Messieurs,

Par décision du 17 février, M. le Préfet, sur la présentation de votre Commission départementale, m'a chargé « de visiter les routes dépar- » tementales et les chemins vicinaux de grande communication, de les » étudier, de dresser un tableau du personnel nécessaire à leur entre- « tien et de présenter un travail complet de réorganisation. »

J'ai l'honneur de vous rendre compte des résultats de ma mission : Une visite des routes rapidement faite, ne peut, on le comprend facile- ment, avoir pour objet un examen critique sévère de ce qui s'est fait ; mais elle permet d'arriver à une connaissance suffisamment exacte de la situation des routes, de leur importance et de leurs besoins. Je serai très-sobre d'appréciations dans la revue des voies de communication que je vais faire, et je me bornerai à un récit le plus succinct possible des impressions de ma tournée.

Je ne suivrai pas dans cette narration l'ordre des numéros de clas- sement ; cela n'a guère d'intérêt d'ailleurs ; cette numérotation, en ce qui concerne les chemins de grande communication, est même peu connue des services intéressés.

Je vais suivre la marche de mon voyage, ce qui me permettra de mieux rassembler mes souvenirs, si vous avez quelques observations orales à me demander.

ROUTES DÉPARTEMENTALES N° 1, DE BÔNE A CONSTANTINE, PAR JEMMAPES ET SAINT-CHARLES, ET N° 6, DE PHILIPPEVILLE A GUELMA, PAR JEMMAPES.

Les parties de ces routes situées dans la circonscription de Philippeville ne laissent rien à désirer, sans doute parce que le roulage qu'elles ont à supporter est des moins importants; mais aussi, et surtout, parce qu'elles sont l'objet de soins constants et intelligents.

ROUTE DÉPARTEMENTALE N° 3, DE BÔNE A LA CALLE.

Cette route a son origine à 4 kilomètres de Bône; elle se bifurque sur la route départementale n° 2, et traverse, à son point de départ, la Seybouse sur un très-beau pont en métal, qui réclame d'urgence une couche de peinture pour sa conservation. Jusqu'au 16e kilomètre, c'est-à-dire sur 12 kilomètres, la route est empierrée; elle est en bon état d'entretien jusqu'à son point de jonction avec le chemin de grande communication de Bône au Beni-Salah; mais de là au 16e kilomètre, l'entretien semble avoir été abandonné.

Ces 12 kilomètres ont à supporter les charrois des fermes situées à droite et à gauche de la route, et aussi les produits venant du chemin des Beni-Salah, notamment ceux des vignobles de la rive droite de la Seybouse.

Du 16e kilomètre à l'Oued-el-Biar, c'est-à-dire sur trente et quelques kilomètres, le chemin n'existe pas; c'est à cheval seulement qu'on peut parcourir cette distance; et encore, doit-on traverser l'Oued-Boualalla sur un pont en bois effondré, franchir à gué différents Oueds, entr'autres la Bounamoussa, rivière torrentielle très-large, puis marcher dans des terrains fangeux dont on ne se tire qu'à grand'peine. C'est assez dire qu'en hiver, par le mauvais temps, on ne peut aller de Bône à La Calle par cette route.

A l'Oued-el-Biar, on passe sur un pont en pierres nouvellement édifié; c'est l'origine des travaux en cours d'exécution. De ce point à l'Oued-Dréa, rivière très-encaissée, les terrassements sont exécutés. Les maçonneries du pont de l'Oued-Dréa sont en voie d'achèvement, les tôles du tablier sont en partie à pied d'œuvre, en partie sur le quai de La Calle. Ce pont pourra être terminé cet été très-probablement.

De l'Oued-Dréa à La Calle, la route est faite sur tout le parcours comme terrassements; elle est empierrée sur beaucoup de points, on l'empierre sur d'autres. Dans les parties laissées à l'état de terrassements, ces terrassements sont incomplets, trop peu élevés au-dessus de la plaine, et par suite peuvent être submergés.

On éprouve un certain étonnement à la vue d'un pont sur l'Oued-bou-Achicha, dont la haute élévation contraste singulièrement avec la faible hauteur des remblais en deça et au-delà. Ou le pont est beaucoup trop haut, ou le remblai est beaucoup trop bas.

Sur l'étendue de l'Entreprise Gélas, actuellement en cours d'exécution on fait l'empierrement avec un grès assez tendre, le seul qu'il soit possible de se procurer à proximité. Le cylindre-compresseur amené à l'extrémité de l'entreprise, indique qu'on a l'intention de cylindrer la chaussée aussitôt après son achèvement.

La circulation par voiture, sur ce point, ne pouvant être très-active de longtemps, les matériaux employés étant essentiellement friables. comme je viens de le dire, on pourrait probablement se dispenser de faire la dépense du cylindrage.

Je dis que la circulation ne peut être active, et même peut ne pas exister jusqu'à achèvement complet de la route; en effet, depuis le lac des Oiseaux jusqu'à la forêt Montebello, on traverse de très-beaux et riches terrains, notamment la plaine du Tarf, — que l'Oued-Kebir permettrait assurément de drainer, — mais ces terrains ne sont point livrés à la colonisation, et ne donnent, par suite, lieu qu'à des transports par bêtes de somme; donc, même après l'achèvement complet des travaux de construction de la route, si les choses restent en l'état, la route n'aura guère à supporter entre la Bounamoussa et La Calle que les charrois de denrées de Bône à La Calle.

À l'heure présente, lorsque la mauvaise mer ne permet pas l'accès dans le petit port naturel de La Calle, cette ville se trouve sans communication aucune avec le reste de l'Algérie, et ne peut se ravitailler.

L'idée de création d'un port à La Calle étant maintenant rejetée à longue échéance, si ce n'est complétement abandonnée, la construction de la route devient une nécessité quasi absolue.

Il est une autre voie de Bône à La Calle sur laquelle le Département dépense quelques fonds: c'est le chemin des dunes. En sortant de La Calle. ce chemin, qui traverse les forêts, est assez praticable, mais lorsqu'on arrive près du lac Melah, on ne peut passer sur le *pont de la République*, ouvrage en bois dans un état complet de détérioration.

Le chemin dans les dunes ressemble à tous les chemins dans le sable.

On traverse la Mafrag sur un bac, à très-peu de distance de la mer. Lors de mon passage, le 28 février, ce bac ne fonctionnait pas; on commençait les réparations.

CHEMIN DE GRANDE COMMUNICATION N° 13 (1re CATÉGORIE), DE LA CALLE A KEF-OUM-TEBOUL.

Ce chemin est dans le plus déplorable état.

Sur les premiers kilomètres il est praticable; il y avait encore en approvisionneme. des tas de pierres, grès tendre de la plus mauvaise qualité et de date assez ancienne, que des cantonniers étaient occupés à employer, lors de mon passage. Mais, sur la plus grande partie du parcours, la route est complétement détruite, et les voitures sont obligées, pour passer, de combler les trous avec de la broussaille.

Ce chemin sert presque uniquement, j'ai lieu de le croire, aux transports des minerais de plomb, qui se sont élevés, en 1872, à 3,200 tonnes. Les transports se font, partie par petites charrettes, partie par bêtes de somme ; c'est à ce dernier mode que sera obligée d'avoir recours l'exploitation de la mine, si on n'apporte pas un remède à la situation actuelle qui ne peut être modifiée que par une réfection complète de la chaussée, sur plus de la moitié de sa longueur, et des grosses réparations sur une bonne partie de l'autre moitié.

Si on veut, à l'avenir, faire participer la mine de Kef-oum-Teboul aux dépenses extraordinaires d'entretien au moyen de subventions industrielles, il faut avant mettre le chemin en état de viabilité.

ROUTE DÉPARTEMENTALE N° 4, DE BÔNE A SOUKHARAS.

Cette route, dont l'origine est au 11° kilomètre de la route départementale n° 2, à Duzerville, suit la vallée de la Seybouse jusqu'à Duvivier, c'est-à-dire sur une cinquantaine de kilomètres. Sans être dans un état complétement satisfaisant, la partie de route jusqu'au 78° kilomètre paraît être l'objet de soins particuliers : les ouvriers assez nombreux qui répandaient la pierre et faisaient les réparations, apportaient à ce travail toutes les précautions désirables ; mais à partir du 78° kilomètre, la route est dans la plus déplorable situation. Établie dans des conditions provisoires, avec une très-faible largeur sur certains points escarpés, de fortes rampes, des courbes d'un petit rayon et une chaussée insuffisante, on ne peut espérer en faire une bonne voie ; mais indépendamment de cette défectuosité de premier établissement, il est certain que les mesures prises pour sa conservation et sa mise en état de viabilité ne sont pas complètes.

On peut trouver de la pierre d'assez bonne qualité à proximité, et on ne voit pas ou peu d'approvisionnement ; l'écoulement des eaux n'est nulle part ménagé, les fossés sont comblés ou obstrués, des petits éboulements de talus obligent les eaux à se répandre et à séjourner sur la chaussée. Il serait indispensable et assez peu dispendieux d'établir, à des distances très-rapprochées, des saignées en écharpe à travers la chaussée ; des drains en poterie ou des petits dallots placés dans ces saignées assainiraient la route et auraient une influence sensible sur l'état de la chaussée.

Lors de mon passage, j'ai rencontré des charrettes embourbées, l'une d'elles complétement renversée sur le talus avec son chargement ; et la diligence a dû prêter ses chevaux pour aider un attelage à sortir de l'ornière.

Cette route est des plus fréquentées. On rencontre des voitures chargées de merrains des forêts de St-Joseph, de minerais de zinc du Nador, de charbon de bois, de grains du marché de Soukharas, provenant du Sud et de la Tunisie, de bois et traverses de chemin de fer de la forêt du Fedj-el-Mak'ta. De Bône à Duvivier, il est évident qu'elle sera très-parcourue pendant la construction du chemin de fer de Bône à Guelma, qui lui est parallèle; il faut, si on ne veut pas la voir complétement défoncée pendant cette période, faire, dès à présent, des dépenses sérieuses pour sa mise en bon état de viabilité parfaite.

Des projets de rectification des parties mauvaises, au-delà du 78° kilomètre, ont été présentés; il importe qu'ils soient mis à exécution avant l'achèvement du chemin de fer, dont cette partie de route sera la principale artère d'approvisionnement.

Les ponts en bois sont tous dans un état peu rassurant.

CHEMIN DE GRANDE COMMUNICATION N° 3 (2ᵉ CATÉGORIE), DE BÔNE A TAKOUCH, PAR BUGEAUD

Ce chemin favorise surtout l'exploitation de la forêt de l'Edough, bois et liége. Il est dans le plus triste état jusqu'à Bugeaud, où l'on n'arrive qu'en gravissant des rampes anormales. On exécute en ce moment des travaux de rectification. Les remblais jetés, en quelques points, sur un versant d'une grande déclivité, pourront donner quelques soucis dans l'avenir.

ROUTE DÉPARTEMENTALE N° 2, DE BÔNE A CONSTANTINE, PAR GUELMA

Cette route part de Bône. La partie, à la sortie de la ville, empruntée par les routes départementales nᵒˢ 3 et 4, supporte un roulage excessif; aussi est-elle dans un assez médiocre état de viabilité, malgré des grosses réparations et des rechargements récents; cela tient surtout à ce que la qualité des matériaux employés dans ces derniers temps, n'est pas en rapport avec les charrois nombreux qui se font sur cette partie de route. Il est facile de remédier à cet état de choses.

En ligne droite, sur une quinzaine de kilomètres, dans la plaine de Dréan, la route est, en plusieurs endroits, extrêmement mauvaise, notamment vers les kilomètres 17-18. Des rechargements venaient d'être faits lors de mon passage, et la pierre, approvisionnée sur d'autres points, m'a paru en quantité à peine suffisante pour faire les grosses réparations nécessaires.

Cette partie de la route doit nécessiter des dépenses exceptionnelles d'entretien ; parce que, comme pour presque toutes les routes en plaine, on a négligé de donner au remblai, sur lequel repose la chaussée, une hauteur suffisante pour pouvoir l'assécher et assurer l'écoulement des eaux dans les fossés.

Jusqu'à Mechmeya la chaussée est plate.

Au-delà de Mechmeya, jusqu'à Guelma, la route est dans de bonnes conditions ; elle a un bombement rationnel.

Entre Guelma et l'Oued-Zenati, la route est en bon état.

De Guelma, et même du moulin de Ste-Cécile (confluent de l'Oued-Cherf et du Bou-Hamdan), la route est fatiguée par un roulage considérable de grains et farine allant à Bône et provenant de l'important marché de Guelma. A la montée, les charrettes n'ont guère de chargements.

Cette partie de route, qui verra nécessairement encore son roulage s'accroître considérablement pendant la construction du chemin de fer, descendra forcément, après l'achèvement de cette ligne, au rang d'un simple chemin vicinal, et n'aura pas plus de circulation que n'en a actuellement la route de Philippeville à Constantine.

Il importe de songer, dès à présent, à rendre la chaussée assez résistante, pour qu'elle ne soit pas détruite par la fatigue exceptionnelle quelle aura à supporter pendant la période de construction du chemin de fer.

De l'Oued-Zenati au Kroubs, extrémité de la route à sa jonction avec la route nationale, la route est complétement terminée.

Il n'y a point de transports commerciaux par voiture sur cette partie de route, qui n'est guère parcourue que par les diligences.

La route est mauvaise vers le 117ᵉ kilomètre; l'eau stationne dans les fossés.

La pierre pour l'entretien était approvisionnée. Un atelier de condamnés était occupé au cassage.

Il n'y a entre l'Oued-Zenati et le Kroubs d'autres villages que les centres en formation.

A Aïn-Regada, emplacement d'un centre à droite de la route (k. 120-121), il n'y a encore d'autre trace de village que des allées d'arbres nouvellement plantés.

Entre les kilomètres 135 et 136, sur un mamelon bien exposé, au pied d'une montagne, dans une très-belle situation, le village d'Aïn-Abid a 7 ou 8 maisons construites, et il existe de nombreuses plantations récemment faites.

Si, à propos de cette route, comme aussi au sujet de celle de La Calle, je dis quelques mots de la colonisation, c'est que les chemins et la colonisation sont les deux termes inséparables du problème algérien, qu'il y a entr'eux une connexité intime, et qu'il est absolument impossible de s'occuper de l'un sans se préoccuper de l'autre.

Il est une idée que je crois aussi devoir jeter en passant, sans m'y attacher autrement La route, entre Guelma et Constantine, traverse des pays fertiles sans population européenne, et par conséquent sans antécédents de locomotion ; n'était-ce pas le cas d'essayer les tramways en même temps qu'on aurait tenté le peuplement?

J'ai remarqué sur cette route, dans la construction des ouvrages d'art, un abus de la pierre de taille, et ce que les gens du métier appellent une exagération de sujétion dans son emploi. On a donné sans raison bien motivée, la forme courbe à des murs de tête de ponceaux; des couronnements d'aqueducs sont curvilignes; ce sont là des fantaisies coûteuses de constructeur peu expérimenté. Il m'a semblé aussi qu'on n'a pas prévu complétement le tassement qu'ont éprouvé certains remblais.

CHEMIN DE GRANDE COMMUNICATION N° 3 (1re CATÉGORIE), DE GUELMA A SOUKHARAS.

Ce chemin, qui relie Guelma à la route départementale n° 4, dessert la rive droite de la Seybouse ; il est à l'état d'entretien sur un tiers de son parcours, du côté de Guelma, En bon état, il n'a d'ailleurs à supporter que les charrois des villages de Millésimo et de Petit.

CHEMIN DE GRANDE COMMUNICATION N° 2 (1re CATÉGORIE), DE GUELMA A AÏN-BEÏDA.

Empierrée sur une faible longueur seulement, à la sortie de Guelma, cette partie de chemin est en bon état d'entretien, comme le sont d'ailleurs tous les chemins autour de Guelma.

CHEMIN DE GRANDE COMMUNICATION N° 6 (2e CATÉGORIE), D'HÉLIOPOLIS A HAMMAM-MESKOUTINE.

Ce chemin, dont la dénomination pourrait faire supposer qu'il y a des relations entre Héliopolis et Hammam, emprunte la route n° 2, en deçà et au-delà de Guelma, et aussi la route n° 6.

La première partie traverse le territoire de Bled-Boufar, et parait ne desservir que les propriétés traversées.

La deuxième partie s'embranche sur la route n° 2, au confluent de l'Oud-Cherf, sur la rive droite du Bou-Hamdam, et conduit directement à Hammam-Meskoutine.

·Elle est parcourue par les touristes et les transports militaires qui se rendent à cet établissement. Le chemin est construit et en bon état sur les quatre kilomètres, à l'exception de l'arrivée à Hammam sur quelques centaines de mètres.

ROUTE DÉPARTEMENTALE n° 5, DE BOUGIE A SÉTIF.

Dans la partie commune avec la route des Beni-Mançour, à la sortie de Bougie, la route n'a pas de bombement, ses accotements sont au même niveau que la chaussée.

. A cinq kilomètres de Bougie, on traverse la Sumann sur un grand et beau pont en fer nouvellement construit et dont les trottoirs ne sont pas terminés ; la peinture des fers laisse beaucoup à désirer et doit être refaite.

De là jusqu'à l'extrémité de la partie empierrée, la route, qui suit toujours le bord de la mer, est en bon état. La zone cultivée, entre la route et les coteaux incultes, est très-peu large ; elle n'est pas habitée par les Européens, on ne rencontre qu'un moulin détruit par l'insurrection et actuellement en reconstruction.

Les entreprises Roux et Mourre, l'une en-deçà, l'autre au-delà du cap Aokas, sont en cours d'exécution.

L'entrepreneur Simon, chargé de l'élargissement au cap Aokas, se mettait à l'œuvre fin mars.

De l'Entreprise Mourre à l'Oued-Agrioun, la route à l'état de terrassement est carrossable.

De l'Oued-Agrioun à Kerata, la route est construite; la première partie est établie dans de bonnes conditions de durée et de circulation permanente. La deuxième partie, sur le bord même de l'Oued-Agrioun, au pied d'une série de montagnes presque inaccessibles, composées de schistes de résistances diverses, de terres descendues des faîtes, quelque fois complétement bouleversées, avec des stratifications les plus étrangement discordantes, donnera pendant de longues années encore des ennuis et occasionnera, à la suite de chaque hiver, des dépenses nouvelles pour le maintien de la circulation. Le pied des remblais est corrodé par les eaux de l'Oued, et les remblais glissent sur le terrain naturel; les talus en déblais s'éboulent et glissent sans qu'on puisse prévoir quand ces mouvements s'arrêteront. Ces terres, en effet, ne tiennent en équilibre sous aucun angle quand elles sont mouillées; et ont, en outre, le désavantage d'être mélangées à d'énormes blocs de pierres qui accélèrent le mouvement de descente.

On pourrait diminuer assurément, l'importance de ces accidents en ménageant au-dessus de la crête des déblais, qui est généralement très-élevée, l'écoulement des eaux à l'aide de rigoles et de cuvettes maçonnées. Ce travail ne m'a pas paru avoir encore été entrepris jusqu'à ce jour. Peut-être a-t-il échappé à mon examen.

Sur quelques points, notamment avant l'entrée du Chabet-el-Akra, la route, placée mi-partie en remblai, mi-partie en déblai, voit son remblai couler dans l'Oued, tandis que le talus en déblai correspondant vient couvrir en partie la plate-forme de la route.

Dans le Chabet, la route est très-belle, quelques éboulements de rochers, qui se sont produits pendant l'insurrection, ont été enlevés; le parapet dans ces endroits, est à réparer.

Le pont qui fait, vers le milieu du Chabet, passer la route d'une rive à l'autre, est dépourvu de garde-corps. Il y a là pour les voyageurs un danger permanent réel qu'il me paraît urgent de faire disparaître

De Kérata, qui se trouve à l'extrémité de la gorge du Chabet (côté de Sétif), et où l'on construit en ce moment un moulin à farine français, jusqu'à Takitount, et de Takitount à Tenia-Tin, la route, qui traverse un pays complétement inhabité par les Européens, mais très-cultivé, la route, dis-je, n'est autre chose qu'une plate-forme de largeur très-variable et quelque fois très-faible, mi-déblai, mi-remblai, épousant très-exactement tous les replis et sinuosités du terrain. De nombreux ouvriers indigènes, sans chef européen, étaient occupés, lors de ma tournée, à rendre la circulation possible, et à l'heure présente on peut certainement aller de Bougie à Sétif en voiture.

La remise à la colonisation des terrains sequestrés entre Kérata et Sétif, devra forcément hâter l'époque d'achèvement de la route.

De Tenia-Tin à l'Oued-Fermatou, la route est empierrée, elle n'est pas tenue dans un état bien satisfaisant, et laisse beaucoup à désirer. Des petits éboulements de talus obstruent les fossés et empêchent l'écoulement des eaux qui se répandent sur la chaussée qu'elles détrempent. La route n'a pas de bombement régulier, et les ouvrages d'art, quelques aqueducs entr'autres, sont en mauvais état, l'un d'eux est brisé.

De Fermatou à Sétif, la route n'a jamais dû être sérieusement établie, elle est complétement mauvaise, surtout à l'arrivée à Sétif, et devra être refaite.

ROUTE DES BENI-MANÇOUR (classée sous le nº 11 des Chemins vicinaux de grande communication de la 1re catégorie).

Quoique la route des Beni-Mançour soit au pouvoir militaire, je crois devoir parler incidemment de cette voie qui, par sa situation dans la riche vallée du Sahel, est appelée à devenir la principale artère donnant à Bougie ses produits d'exportation.

Je n'ai vu cette route que jusqu'au 27ᵉ kilomètre, elle est en parfait état d'entretien.

Au 14ᵉ kilomètre se trouve le village de la Réunion ; au 27ᵉ kilomètre, celui de Kseur en formation, et sur l'autre rive du Sahel, peuplée de villages kabyles, le village en création de l'Oued-Amizour. Nul doute que cette route sera classée au rang des routes nationales.

CHEMIN DE GRANDE COMMUNICATION Nº 13 (2ᵉ CATÉGORIE), DE SÉTIF AU BOU-THALEB.

Ce chemin, empierré seulement sur quelques kilomètres, à la sortie de Sétif, est en bon état d'entretien. Au delà du petit village d'Aïn-Sfia jusqu'à l'extrémité de l'empierrement, il y a de la pierre en approvisionnement pour l'entretien.

CHEMIN DE GRANDE COMMUNICATION Nº 7 (2ᵉ CATÉGORIE), DE ST-CHARLES AU FIL-FILA.

Ce chemin comprend deux tronçons : le premier de St-Charles à la route de Philippeville à Jemmapes, près de Philippeville ; et le deuxième, de cette dernière route, près du pont du Saf-Saf, au Fil-Fila, la montagne de marbre actuellement inexploitée.

Le premier tronçon parcourt la plaine très-cultivée de la rive gauche du Saf-Saf. On avait, dès avant 1848, commencé la construction de ce chemin, puis on l'a abandonnée sans motifs connus, malgré les justes et énergiques protestations des propriétaires de la vallée. Ce chemin, d'une utilité incontestable, devrait être construit depuis longtemps. Il est empierré sur la plus grande partie de sa longueur, mais il y a encore des points complétement impraticables, notamment près de la gare du Saf-Saf

En faisant cesser ce fâcheux état de choses à bref délai, on fera disparaître une injustice criante et on rendra un grand service à l'agriculture.

Le deuxième tronçon n'est empierré que sur quelques kilomètres, à son origine ; il dessert les importantes fermes de la rive droite du Saf-Saf (plaine de Valée). Son achèvement donnerait une extension certaine à l'exploitation des forêts qu'il traverse.

CHEMIN Nº 1 (1ʳᵉ CATÉGORIE), DES OULED-RHAMOUN A TÉBESSA, PAR AÏN-BEÏDA.

Ce chemin s'embranche sur la route nationale nº 3, de Stora à Biskra, à 25 kilomètres de Constantine, un peu en-deçà des Ouled-Rhamoun

Il est à l'état d'entretien jusqu'au 39e kilomètre, à Sigus. Sur les 7 premiers kilomètres, la pierre en approvisionnement, au lieu d'être en tas réguliers, est éparse sur les accotements mal entretenus, et exposée au piétinement des nombreuses bêtes de somme qui parcourent cette route. Sur les 7 kilomètres suivants, on a fait récemment un rechargement de la chaussée

A Sigus, un pont en bois menace ruine ; on a dû, pour ne pas interrompre la circulation, exécuter et entretenir une déviation provisoire pour passer l'Oued à gué. Il était facile de prévoir la ruine du tablier, et il eût été plus économique de procéder de suite à son remplacement que de faire une déviation.

On voit, sur ces 14 kilomètres, des ponceaux qui ont des couronnements ayant en plan la forme circulaire, ce qui n'est nullement justifié.

De Sigus à Aïn-Fakroun, le chemin est empierré sur quelques kilomètres, à l'origine, puis les terrassements sont exécutés, et la pierre cassée est en cordon sur la plateforme jusqu'à Aïn-Taxa. Au-delà, les terrassements sont faits en partie seulement. Sur cette section, d'une vingtaine de kilomètres, tous les ouvrages d'art sont faits ou commencés ; 7 ou 8 ponts attendent leur tablier. Les culées sont exécutées jusqu'au niveau du sommier des poutres : il reste à maçonner la partie des murs en retour correspondante à la hauteur des tabliers.

Dans ce trajet de Sigus à Aïn-Fakroun, les voitures suivent actuellement la ligne droite dans la plaine.

D'Aïn-Fakroun à Moulaber, on passe où l'on peut, à travers champs. Des travaux de terrassements sont en cours d'exécution au col appelé « montée de Moulaber ».

De Moulaber jusqu'aux approches d'Aïn-Beïda, sur une quarantaine de kilomètres, la route n'est pas faite ; on passe dans une plaine à pentes peu sensibles.

Avant d'arriver à Aïn-Beïda, la route est empierrée et en parfait état d'entretien sur 5 ou 6 kilomètres ; il y a des pierres en approvisionnement.

Sur tout le parcours de Constantine à Aïn-Beïda, on ne rencontre pas de village, mais seulement l'ancien bordj de Sigus, le bordj d'Oum-el-Boaghi, et, entre les deux bordjs, les deux fermes d'Aïn-Fakroun et de Moulaber, établies par des colons qui ont acheté le terrain aux Arabes à deniers comptants, malgré les difficultés que présentent ces sortes de transactions. Tous les terrains traversés sont cultivables. Des charrettes circulent entre Constantine et Aïn-Beïda.

A la sortie d'Aïn-Beïda, la route est seulement amorcée comme empierrement.

A mi-chemin, entre Aïn-Beïda et la Meskiana, l'alfa commence à paraître, on traverse des terrains d'une assez grande étendue, recouverts de ce textile.

En partant de la Meskiana, essai de colonisation composé de quatre ou cinq fermes et d'un moulin à farine, le chemin est construit en plaine, sur 4 à 5 kilomètres, et en assez bon état. Il y a de la pierre approvisionnée pour la construction de quelques hectomètres

Au delà, on traverse des champs d'alfa. Le terrain est peu accidenté jusqu'au pied de la côte d'Allouffa. Ce passage présentera quelques difficultés lors de la construction de la route.

D'Allouffa (bordj appartenant à un particulier), on descend sur une chaussée empierrée récemment jusqu'à Aïn Hamadja. Cet empierrement peut avoir une quinzaine de kilomètres de longueur.

D'Aïn-Hamadja à Tébessa la route est en plaine, elle a des passages presque impraticables en hiver.

Le chemin de Constantine à Tebessa, quoique traversant un pays à peu près dépourvu de colonisation, est, néanmoins, d'une importance réelle très-grande. C'est la route qui met en communication le chef-lieu de la province avec la Tunisie. Tébessa est le marché français de toute la région sud de la régence, et nul doute que si la route était faite, Tébessa prendrait, avec l'agrément de l'administration militaire, l'accroissement considérable qu'il avait dans le passé, sinon la splendeur dont témoignent ses monuments romains encore debout, et sa belle campagne environnante couverte de ruines.

J'aurais voulu, Messieurs, pouvoir mettre sous vos yeux, pour vous permettre de suivre la lecture de ce rapport, une carte qui en aurait été le complément indispensable, qui m'aurait permis d'abréger, qui aurait eu l'avantage de vous donner beaucoup de renseignements que j'ai dû passer sous silence, et surtout de vous faire connaître d'un coup d'œil l'ensemble des routes; mais il aurait fallu, pour mener à bonne fin ce travail, disposer des archives de l'administration des Ponts-et-Chaussées, ce qui aurait donné lieu à des froissements d'amour-propre, que tout me commandait d'éviter,

La seule carte routière que vous possédez, est une carte militaire, dite des étapes, sur laquelle on a indiqué *grosso-modo* les parties de chemins construites et celles en lacune, de façon à satisfaire seulement une curiosité passagère et superficielle.

Un service chargé de l'étude et de l'établissement des routes; qui a eu des dessinateurs souvent peu occupés, aurait pu dresser facilement au fur et à mesure de l'exécution de ses travaux, en s'aidant des cartes très-bien exécutées du dépôt de la guerre, une carte départementale pleine de renseignements utiles pour vous, pour l'administration et pour le public qui, lui aussi, a bien le droit de connaître la situation du pays.

Sur cette carte, ainsi faite, on indiquerait exactement les ponts construits, les passages de rivière guéables, les parties de routes ayant des chaussées empierrées, celles qui sont à l'état de terrassement mais carrossables, celles qui ne sont fréquentables qu'à cheval, et aussi celles, assez nombreuses, qui n'existent que comme sentiers arabes, qu'on ne peut suivre qu'avec l'assistance d'un guide.

A l'aide de renseignements puisés près de l'administration, il serait possible de figurer sur cette carte les terrains conquis par la colonisation, les forêts exploitées, les mines, les établissements industriels, etc. C'est là un document d'une utilité qui ne saurait vous échapper, et sur l'établissement duquel je prends la liberté d'appeler votre sérieuse attention.

L'administration des Ponts-et-Chaussées ou le service départemental, si vous le créez, peuvent faire cette carte à très-peu de frais, et la tenir au courant chaque année, sans dépense nouvelle.

Après l'exposé sur la situation des routes que je viens de vous lire, exposé forcément incomplet, je ne me livrerai ni à des théories ni à une dissertation sur les méthodes d'entretien. Les routes d'une région ressemblent peu aux routes d'une autre région; l'origine d'un chemin n'a quelquefois aucune analogie avec l'autre extrémité du même chemin ; il est donc difficile d'émettre, au sujet de l'entretien des chaussées, des principes généraux. Une route ne peut être convenablement entretenue que lorsqu'on a fait une étude sérieuse complète, de toutes les causes qui contribuent à son usure et à sa détérioration, et de tous les moyens à employer pour la conserver en bon état : qualité des matériaux, reconnaissance des carrières, etc., etc.; ce ne peut être le résultat d'une seule visite.

L'emploi des cantonniers, préconisé partout, et qui, dans les parages habités, donne les meilleurs résultats, présente ici des difficultés d'application sur les points isolés où le personnel est essentiellement mobile, où on ne trouve, pour accepter ces postes, que des ouvriers nomades appartenant à cette catégorie de travailleurs appelée *l'armée roulante*. Il faut, sur ces points, faire exécuter à la tâche le plus de travaux possibles, tels que curage de fossés, emploi de matériaux, etc., et ne laisser à faire à la journée que les travaux comme les rabattages de bourrelets, l'étouage et l'écoulement des eaux, dont il m'a semblé qu'on ne se préoccupe pas assez sur certaines routes.

En ce qui a rapport aux études et à la construction des routes, je ne puis davantage émettre des considérations qui dépasseraient les limites imposées à ce travail. Cependant, je dois, au sujet des études diverses de tracés, faire quelques observations qui, je l'espère, ne resteront pas sans résultat pratique. Il est à désirer que chaque fois qu'on fait des opérations de plan et de nivellement, on repère par des bornes ou une maçonnerie fixe uniforme les points principaux comme position et comme altitude.

Cela aura des avantages incontestables :

Premièrement, lorsqu'on construira une route étudiée quelques années auparavant, on évitera, à l'Agent chargé de l'exécution des travaux, d'avoir à refaire quelquefois complétement le projet et à être, par suite, exposé, comme cela a pu arriver déjà, à exécuter un projet qui ne ressemble pas de tous points à celui approuvé par l'administration.

Deuxièmement, ces repères reportés sur la carte dont je parle plus haut, donneront, à la longue, le nivellement du pays, serviront pour des études ultérieures et ne seront pas sans utilité dans le cas de délimitation de terrains, ici, où les points fixes font si souvent complétement défaut pour les opérations de cette nature.

La dépense à faire pour la mise en place de ces repères ne grèverait pas beaucoup les frais d'études et serait, d'ailleurs, compensée par le temps qu'on gagnerait lors de l'application des tracés sur le terrain.

Il serait bien utile aussi que des plaques indicatrices du nom des routes fussent mis à la sortie des villes et villages. Je n'en ai vu qu'une à Jemmapes.

Il est une observation d'un autre ordre que je crois aussi ne pouvoir me dispenser de faire.

Il me parait opportun de procéder, dans un délai rapproché, et après enquête, à une révision générale du classement des routes, de façon à bien déterminer leur importance respective (1).

Ce travail devrait être fait aussi pour les chemins vicinaux ordinaires dont le classement, un peu arbitraire, est loin de répondre dans certaines communes, à l'esprit de la loi ; ce qui a pour conséquence l'ajournement indéfini de la construction des plus utiles de ces chemins par suite de l'éparpillement des ressources sur un grand nombre de voies, dont la position et la direction sont souvent même assez peu connues des conseillers municipaux, par suite du manque dans les Mairies d'un plan général des chemins vicinaux de la commune.

J'aurais bien aussi à parler des contingents à fournir par les communes pour les chemins vicinaux de grande communication ; mais c'est un sujet assez grave qui mérite d'être traité à part.

---

(1) Il y a actuellement dans le département :

    6 routes départementales,
    13 chemins vicinaux de grande communication de première catégorie.
    19   —   —   — de deuxième catégorie.

J'aborde, maintenant, le deuxième point de ma mission, qui peut se résumer ainsi :

Y a-t-il nécessité de créer un service départemental de travaux ?

Y a-t-il possibilité de procéder, dès aujourd'hui, à sa création ?

Que coûtera-t-il ?

Actuellement, ce sont les Ponts-et-Chaussées qui sont chargés de ce service ; cette administration comprend deux personnels :

Un personnel supérieur, les Ingénieurs ;

Un personnel inférieur, les Conducteurs et Agents secondaires.

Les Ingénieurs offrent des garanties de savoir qu'il est à peu près impossible de rencontrer chez d'autres au même degré.

Le personnel des Conducteurs, ces indispensables collaborateurs des Ingénieurs, recruté après un examen sérieux et impartial, se compose d'hommes, pour la plupart rompus à la conduite des chantiers de terrassements et de maçonneries et au maniement des ouvriers.

D'où vient donc qu'aux mains d'un service composé de semblables éléments, on ait cependant tant à reprendre au sujet de l'entretien des routes et de la façon dont a été dirigée leur construction dans le département ?

A quoi attribuer cet état de choses ?

Aux mêmes causes qui font que 73 départements, en France, n'ont pas utilisé les Ponts-et-Chaussées pour l'établissement et l'entretien de l'important réseau des chemins de grande communication, ces artères principales alimentant les chemins de fer, et ont préféré dépenser davantage, en frais de personnel, en créant des services d'Agents-Voyers.

Aux mêmes causes qui ont engagé le département d'Oran et huit départements en France, depuis la nouvelle loi, à remettre leurs routes départementales aux Agents-Voyers, au lieu de donner aux Ponts-et-Chaussées leurs chemins vicinaux, dont le réseau acquérait une plus grande importance.

Les Ingénieurs ne sauraient se plier aux exigences multiples que comporte l'exécution de travaux à bon marché, l'État peut faire de l'art pour l'art, il doit même en faire. Chaque ingénieur éprouve le besoin d'attacher son nom à quelque ouvrage de grande importance qui attire l'attention.

Les Ingénieurs dépendent bien moins du Ministre que du corps même des Ingénieurs.

Unis par une étroite solidarité, soutenus par l'esprit de corps le plus

**

développé que l'on connaisse, ils se maintiennent sous tous les gouvernements ; cet état particulier leur garantit, lorsqu'ils sont agents départementaux, une indépendance presque complète vis-à-vis des Préfets, dont la position mal assise est sujette à de subits changements de fortune.

Convaincus de leur supériorité et de la stabilité inattaquable de leur situation, les Ingénieurs professent une indifférence absolue pour les vœux les plus légitimes, les désirs les mieux formulés des Conseils élus.

Hommes de science, égaux par leur brillante origine, ils ne supportent aucun contrôle ; et, chez eux, les règles ordinaires de la hiérarchie sont remplacées par une camaraderie funeste dont on trouve, ici même, la preuve dans deux faits récents, présents à vos souvenirs :

1° Les études inachevées du chemin de fer de Bône à Guelma, lentement poursuivies, pendant deux ans, sur les bases les plus fausses par l'Ingénieur ordinaire, et mises à néant, au bout de ce laps de temps, par les remarquables rapports de l'Ingénieur en chef qui avait laissé faire ;

2° Les dépassements de crédits de la route de Bougie, pour la somme considérable de 80,000 francs, sans que l'Ingénieur en chef ait eu connaissance des travaux exceptionnels ayant occasionné ces dépenses.

Avec un service départemental, fonctionnant complétement en dehors de l'ingérence des ingénieurs de l'État, la situation est toute autre.

Tous les agents d'un service d'Agents-Voyers sont, suivant une expression commune, mais qui rend la pensée d'une façon parfaite, entièrement « dans la main » du Préfet, qui les nomme, leur donne de l'avancement, peut les révoquer, et sous le contrôle continu de la Commission départementale. Ils sont en relations constantes avec le public, s'inspirent de ses besoins et redoutent ses critiques qui, portées devant le Conseil général, peuvent, si elles sont fondées, leur causer des désagréments ; alors que ces mêmes critiques ne peuvent atteindre ni même émouvoir les agents de l'État, complétements couverts par le corps des Ingénieurs.

D'une origine plus modeste que les Ingénieurs, les chefs de service, s'ils n'ont pas la science de ceux-ci, et ils ne l'ont généralement pas, sont portés naturellement à produire beaucoup, à justifier leur existence ; ils mettent toute leur activité, leur intelligence, leur énergie, non à faire des monuments grandioses, mais à exécuter le plus possible de chemins et à les bien entretenir à aussi bon marché que faire se peut ; ils s'ingénient à créer des ressources, à faire participer par des sacrifices à la construction des chemins ceux qui ont besoin ou intérêt à faire des transports. Grâce à cette création récente des Agents-Voyers, il a été construit, depuis 1836, en France, des milliers de kilomètres de routes et de chemins, établis dans d'aussi bonnes conditions que celles faites par les Ingénieurs qui sont à côté d'eux, et avec cette supériorité, aujourd'hui admise comme vérité incontestable: une entente économique complétement ignorée des Ingénieurs de l'État.

Les Ingénieurs des Ponts-et-Chaussées ne sauraient faire des travaux économiquement; l'un d'eux, dont le brillant passé comme constructeur et l'expérience sont incontestables, le reconnaît dans un rapport adressé à l'administration préfectorale, en 1871 :

« Nous considérons, dit-il, comme un axiôme d'expérience que la
» construction et l'exploitation d'un chemin de fer ne peuvent être
» réellement économiques qu'à la condition d'être soustraites au con-
» trôle de l'Etat et de ses Agents. »

Le département va construire des chemins de fer. On sait, pour l'avoir vu lors de la construction du chemin de fer de Philippeville à Constantine, si le Contrôle des Ingénieurs de l'Etat est intervenu pour limiter les dépenses ; on sait combien son rôle a été passif, et je regrette d'avoir à me tenir à ce sujet dans une réserve qui m'empêche de vous faire toucher du doigt, combien peu les Ingénieurs de l'Etat s'inquiètent de l'emploi économique des deniers de tous, et combien, par suite, ils coûtent cher au Budget. Que ce Budget soit celui de l'Etat, du département ou de la commune, le contribuable est toujours, en définitive, lésé, quand il se commet des prodigalités.

Faut-il rappeler la lenteur, le peu d'empressement apporté par l'administration des Ponts-et-Chaussées, lorsqu'il s'agit de faire quelque nouvelle étude, et n'est-il pas évident qu'un personnel dépendant uniquement de l'administration départementale, mettra beaucoup plus d'activité lorsque celle-ci désirera être renseignée sur le coût d'une ligne de chemin de fer, ou de tel autre travail. Ce personnel n'étant pas enserré comme les Ponts-et-Chaussées dans une réglementation excessive, donnera des renseignements pratiques complets, qui satisfairont, sans qu'il soit nécessaire, par exemple, comme on l'a fait pour un avant-projet de la ligne de Bône à Guelma, de fournir cinq cents inutiles profils en travers d'un terrain horizontal, de nombreux et non moins inutiles dessins d'ouvrages d'art sans importance, et de savants calculs de résistance de poutres en tôle dont un Conseil n'a que faire.

Quel doit être le cadre du personnel des Agents-Voyers ? C'est ce que je vais examiner.

Comme conséquence forcée de cette création, et pour assurer sa réussite complète, il faut d'abord : au chef-lieu du département un chef du personnel destiné à assurer l'unité du service et la direction que voudront imprimer aux travaux la Préfecture et la Commission.

Il doit y avoir, il ne faut pas l'oublier, entre la Commission départementale qui dit ce qu'elle veut, le Préfet qui donne des ordres et le chef de service chargé de l'exécution, une entente de chaque jour ; les rapports du chef de service avec les deux pouvoirs doivent être directs, personnels, de façon à éviter, dans un très-grand nombre d'affaires, l'action dilatoire des bureaux, comme on se passe actuellement de l'intervention des Sous-Préfets. Quand je parle de l'influence malheureuse des bureaux sur la rapidité de la solution des affaires, je n'entends nullement incriminer le zèle des personnes qui en font partie : je ne fais que constater une conséquence de l'organisation propre des bureaux.

Le chef du service a pour mission de faire dresser sous ses yeux tout le travail de cabinet se rapportant aux projets, il prépare le Budget annuel des routes et des bâtiments départementaux, il ordonnance les dépenses, délivre les mandats de paiement, et fournit mensuellement à l'administration un relevé succinct des dits mandats. Il visite toutes les routes au moins une fois par an, en dehors des circonstances exceptionnelles qui peuvent exiger sa présence sur les chemins. Il adresse, chaque année au mois de juillet, au Préfet, pour être soumis au Conseil général, un rapport donnant tous les détails propres à faire connaître la situation du service, avec un tableau des épaisseurs moyennes des chaussées par parties de route, un état indiquant l'importance de la circulation et la nature de transport sur chaque voie de communication, et enfin, un tableau synoptique figurant d'une façon très-claire l'avancement de la construction de chaque route ou chemin.

Quelque soit le désir de simplifier les rouages administratifs, l'étendue du département est telle qu'elle nécessite sous les ordres de l'Agent-Voyer en chef et comme intermédiaires entre lui et les agents chargés directement de l'exécution, des Agents-Voyers principaux en résidence à Bône, Constantine et Sétif.

Le poste de Bône se justifie par l'importance et le nombre des routes. Celui de Constantine n'est pas moins utile. Il importe, d'ailleurs, qu'en l'absence de l'Agent-Voyer en chef qui devra être en tournée pendant trois mois de l'année, il y ait près de l'administration départementale un Agent expédiant les affaires courantes et pouvant répondre aux demandes qui lui seront adressées. L'Agent principal à Sétif est indispensable à cause de l'éloignement de Constantine.

Les Agents-Voyers principaux dirigent les Agents-Voyers sous leurs ordres, font les études, dressent les états d'indication, font des tournées réglementaires, au moins deux fois par an, procèdent aux réceptions des travaux et des fournitures de matériaux d'entretien.

Le Conseiller général dans la circonscription de qui se fait une réception, est convoqué par l'Agent-Voyer principal pour assister à cette opération. Il est fait mention de sa présence ou de son absence sur le procès-verbal.

C'est là, une mesure qu'il convient d'adopter et qui ne peut produire que de bons effets. C'est une garantie de plus pour la sincérité des opérations. Cela se fait en France.

Les Agents-Voyers principaux, dans les travaux d'études, mettront la main à l'œuvre et ne devront pas dédaigner de faire eux-mêmes des opérations sur le terrain quand cela sera nécessaire.

Les Agents-Voyers, chargés spécialement de l'exécution et de la surveillance des travaux et des opérations graphiques seront répartis ainsi :

1 à Bône.
1 à La Calle ou Bône.
1 à Souk-Ahras.
1 à Guelma.

1 à Constantine.
1 aux Ouled-Rahmoun ou au Kroubs.
1 à Jemmapes.
1 à Aïn-Beïda.
1 à Philippeville.

1 à Sétif.
1 à Kérata.
1 à Bougie.

Ces résidences n'ont rien d'absolu et seront modifiées suivant les nécessités du service.

Il faut en outre :

Au bureau de l'Agent-Voyer en chef,

1 Agent-Voyer sédentaire, chargé de la comptabilité ;

2 Agents-Voyers pour les études, rédactions des projets et remplacement des Agents malades ou absents ;

1 Agent-Voyer surnuméraire pour faire les expéditions de rapports, dessins, etc.

Dans le service de chaque Agent-Voyer principal, un Agent-Voyer surnuméraire. Il y en aura deux à Bône à cause du nombre de routes situées à la sortie de la ville.

Le paiement des ouvriers employés en régie offre quelque difficulté à cause de l'étendue des routes, de l'isolement de certains centres et de l'éloignement des caisses publiques les unes des autres. Faire payer les dépenses par celui qui a fait exécuter les travaux, présente bien des inconvénients qu'il n'est pas besoin de vous détailler. C'est ce qui m'engage à vous proposer un régisseur au siége de chaque Agent-Voyer principal. Ce régisseur, qui ne sera pas occupé tout le mois par la paye, et dont on devra chercher à diminuer la responsabilité le plus possible, en faisant des mandats individuels chaque fois que la chose sera faisable, sera sous l'autorité de l'Agent-Voyer principal, qui lui donnera du travail en dehors du temps consacré à ses fonctions de régisseur.

Vous remarquerez, Messieurs, que, dans le cadre ci-dessus, je n'admets que des Agents pouvant espérer obtenir les différents grades de la hiérarchie. Je pense, en effet, qu'il est mauvais d'encombrer une administration de travaux publics des nombreuses non-valeurs désignées ordinairement sous le nom d'expéditionnaires, calqueurs, commis, archivistes, etc., etc., qui, n'ayant d'autre but que de rester ce qu'ils sont, c'est-à-dire de faire toute la vie une besogne ingrate, sans attrait, impersonnelle, se fatiguent bien vite d'un semblable labeur, deviennent mécontents, déclassés, ne produisent rien et ne sont plus bons, au bout de quelques années, qu'à faire le métier qu'ils font, c'est-à-dire : acte de présence dans un bureau. C'est cette catégorie d'employés qui nous vaut l'inutile et étonnante production de papiers dont tout le monde se plaint et contre laquelle personne n'ose réagir.

Avant de fixer le chiffre des appointements, je dois vous dire aussi que c'est une erreur grave de croire que c'est en payant mal les Agents qu'on fait des travaux économiques ; de même que c'est une faute énorme que de tendre à l'abaissement du salaire des ouvriers comme le font des chefs de service, les uns volontairement ; les autres inconsciemment, en admettant dans les adjudications, des rabais exagérés.

Il y a une limite que les esprits droits connaissent. Ils ne faut d'exagération ni dans un sens, ni dans l'autre.

Ne craignez pas d'éprouver des difficultés pour recruter le personnel, parce que vous n'offrirez pas des avantages pécuniaires brillamment exceptionnels. Les hommes sérieux, qui entreront dans le service départemental, sauront parfaitement que votre création n'est pas un essai, que c'est une création définitive ; ils sauront que leurs positions seront aussi stables que celles des Agents des autres administrations du département, et s'ils n'ont pas une caisse de retaites, que le Conseil pourra toujours créer quand il croira devoir le faire, ils auront l'inappréciable avantage de ne pas voir entr'eux et leurs chefs de service la barrière infranchissable qui sépare les Conducteurs des Ponts-et-Chaussées des Ingénieurs, barrière que n'ont pu franchir les hommes les plus illustres.

La dépense annuelle, pour assurer le fonctionnement du service des Agents-Voyers, composé comme il est dit ci-dessus, peut être évaluée ainsi :

DÉSIGNATION DES AGENTS	TRAITEMENT FIXE	FRAIS de Bureaux et de tournées
Agent-voyer en chef.	6,000	1,000
1 Agent-voyer sédentaire au bureau de l'Agent-voyer en chef.	2,400	»
2 Agents-voyers à 2,400 fr , attachés au bureau de l'Agent-voyer en chef.	4,800	»
Agents-voyers principaux : Bône. . . .	4,500	1,500
— Constantine	4,500	1,000
— Sétif	3,600	800
12 Agents-voyers de 3 classes : à 2,800, 3,000 et 3,200 fr., y compris 600 fr de frais de tournées (3,000 fr. en moyenne)	28,800	7,200
Agents-voyers surnuméraires :		
2 à 1,500 fr.	3,000	»
3 à 1,800 fr.	5,400	»
Régisseurs-comptables : 3 à 2,400 fr. .	7,200	sur états.
Frais de déplacements à payer sur états aux Agents du bureau de l'Agent-voyer en chef et aux Régisseurs. .	»	3,000
Imprimés.	»	1,000
TOTAUX.	70,200	18,500
TOTAL GÉNÉRAL.	88,700	

Dans son rapport, lors de votre précédente session, M. le Préfet vous a dit que moyennant une somme de 41,636 fr., l'administration des Ponts-et-Chaussées se chargerait du service. Je pense que le chiffre de M. le Préfet n'est pas d'une exactitude absolue.

En effet, M. le Préfet n'a pas compris dans ce chiffre les remises faites par les communes sur les chemins vicinaux ordinaires (montant de l'emploi des prestations) qui, cela ne peut faire aucun doute, doivent être confiés au service départemental. Or, cette remise se monte en chiffre rond à 7,000 fr. sur lesquels les Ingénieurs touchent les quatre cinquièmes et les conducteurs le cinquième restant, quelquefois même les Ingénieurs touchent les cinq sixièmes, c'est donc 7,000 fr. à ajouter au chiffre de M. le Préfet, et à retrancher, au contraire, du total que je vous donne ci-dessus, car il est évident que le service départemental étant chargé du service des chemins vicinaux ordinaires, vous déciderez que les communes verseront les 4 p. 0/0 de remise dans la caisse départementale en atténuation des dépenses du personnel

Sur les états fournis à la Préfecture, pour 1871, nous voyons que l'administration des Ponts-et-Chaussées a dépensé en frais d'Agents temporaires, imprimés, etc., etc., une somme de près de 50,000 fr.

Nous devons admettre qu'on dépensera au moins égale somme en 1873, car on ne peut penser que la même administration, dont le personnel vient d'être considérablement réduit, emploiera dans l'avenir moins d'auxiliaires que dans le passé.

On peut dire que le chiffre ci-dessus comprend les appointements d'Agents dont il est impossible de se passer ; c'est une erreur complète : de même qu'on doit proscrire absolument les Agents exclusivement attachés au bureau, de même, il ne faut pas sur les chantiers des employés très-inférieurs à tous les points de vue, qui ne sont nullement une garantie de bonne exécution, si les entrepreneurs dont ils sont chargés de surveiller le travail ne sont pas honnêtes ; et qui, au contraire, créent, par leur manque de tact et leur inexpérience, des embarras de toutes sortes, quand les entrepreneurs sont désireux de faire le travail en se conformant aux conditions qu'ils ont consenties.

Il ne faut pas d'employés subalternes mal rétribués, parce que dans un service de travaux publics, tous les Agents doivent être des Agents d'exécution, parce que les chefs ne doivent pas être des administrateurs dirigeant de leur cabinet, ne s'assurant pas si leurs ordres sont bien exécutés ; mais, doivent, au contraire, voir et faire par eux-mêmes.

Des chiffres ci-dessus, il résulte qu'on peut évaluer à 100,000 fr. en chiffre rond, ce que coûtera annuellement au département le service des Ponts-et-Chaussées.

Le service des Agents-Voyers ne nécessitera pas une aussi forte dépense, même en ajoutant à la somme prévue plus haut les frais exceptionnels pour études, copies de dessins et de pièces écrites à faire exécuter à la tâche quand besoin sera.

Donc, même en se plaçant au point de vue étroit de la dépense à faire pour le personnel, il y a encore avantage pour le département à créer un service spécial.

BATIMENTS DÉPARTEMENTAUX

Le service des Agents-Voyers serait chargé de l'entretien des bâtiments départementaux. Cet entretien ne peut en aucun cas occasionner un grand surcroît de travail, si on a le soin de bien définir la responsabilité qui incombe à ceux qui occupent les locaux, ou qui en ont la surveillance, soit comme concierges, soit à tout autre titre.

Quant aux nouveaux bâtiments à édifier, s'ils ont une certaine importance : la mise au concours des projets est le meilleur système à prendre, et la construction doit s'exécuter par l'architecte choisi sous le contrôle des Agents du service départemental qui sont, en outre, chargés de préparer les programmes complets de concours.

Si les constructions à établir sont de peu d'importance, tels que lavoir, marché, maison d'école, gendarmerie, etc , etc.; il existe dans les albums des types en nombre assez considérable pour qu'on n'ait qu'à soumettre à votre approbation la copie de l'un d'eux. Le travail de projet consiste alors simplement dans une adaptation du type adopté pour chaque cas spécial. C'est une besogne qui peut être faite par le service départemental chaque fois que vous le jugerez convenable

Philippeville. — Typ. B. FEUILLE, rue des Numides, 36.